Impressum

Igel, Raupe, Becherlupe

Text: Katrin Hecker
Coverfotos: Goodshoot, Frank Hecker (3)
Fotos: Frank Hecker

Redaktion: Susanne Weisser
Layout: Anja Schmidt Design
Repro: Meyle + Müller, Pforzheim
Druck und Bindung: Himmer AG, Augsburg

ISBN 978-3-8411-0079-5
Art.-Nr. VB110079

www.christophorus-verlag.de

Wir entdecken die Natur

Igel, Raupe, Becherlupe

Velber
kinderbuch

Inhalt

Auf Wildtiersafari
vor der Haustür

Die Natur mit ihren großen und kleinen tierischen Bewohnern eröffnet unseren Kindern eine Welt voll von sinnlichen Erfahrungen.

Ob beim Aufspüren klitzekleiner Wiesentiere und gut versteckter Wasserbewohner, beim Bauen von Winterquartieren für Wildtiere oder bei der eigenen Schmetterlingszucht: Im Umgang mit den Geschöpfen unserer Natur schulen Kinder mitmenschliche Fähigkeiten wie Beobachtungsgabe, Verantwortungs-

bewusstsein und Rücksichtnahme. Nebenbei und spielerisch werden beim Forschen, Lauschen, Fühlen und Schnuppern alle ihre Sinne geschärft.

Viel Freude beim Abenteuer „Wildtiere entdecken" wünschen Ihnen

Lauern wie Eidechsen

Wiesentiere sind klein und die meisten flüchten, sobald ihr euch nähert. Mit dem Eidechsentrick könnt ihr sie überlisten: Hockt euch reglos wie eine Eidechse auf die Lauer und schaut ganz genau in die Gräser um euch herum. Schon bald kommen die ersten Tiere aus ihren Verstecken.

Richtig aufbewahrt

Setzt die Tiere behutsam in ein Gefäß mit Luftlöchern. Wichtig: Bietet ihnen Verstecke unter Halmen oder Rinde und lasst das Gefäß nie lange in der Sonne stehen. Bitte die Tierchen nach dem Betrachten wieder freilassen!

▲ Heuschrecken sind ganz harmlos.

Mit dem Muscheltrick ist das Fangen ganz einfach.

◄ In so einem Terrarium könnt ihr die Tierchen von Nahem beobachten.

▲ Rüsselkäfer glänzen schön grüngolden.

TIPP

FANGEN MIT DEM MUSCHELTRICK
Formt beide Hände zu zwei Muschelschalen und fangt die Tierchen in dieser „Muschel". So könnt ihr sie nicht aus Versehen quetschen!

◄ Kreuzspinnen
sind ungefährlich.

▲ Fühlt mal: Die Spinnfäden sind ganz klebrig!

Überlistet die Spinne

Spinnen sind listig: Zwischen Halmen weben sie Netze, in denen kleine Tiere hängen bleiben. Die Spinne spürt das Zittern im Netz und eilt aus ihrem Versteck, um ihre Beute zu verspeisen. Bringt mit einem Halm das Spinnennetz zum Erzittern. Schaut, ob ihr so die Spinne aus ihrem Versteck locken könnt!

Schnuppern und Schlürfen

Schnuppert mal! Jede Blume duftet anders! Könnt ihr eure Lieblingsblume mit geschlossenen Augen erschnuppern? Mit dem Duft locken Blumen Insekten an. Denn wo es gut duftet, da gibt es auch süßen Blütennektar zu trinken.

Wie schnell ist eure Schnecke?

Auf der Wiese gibt es nicht nur Spinnen und Insekten. Ihr findet hier auch viele Schnecken. Wollt ihr wissen, wessen Schnecke die schnellste ist? Jedes Kind markiert eine Schnecke auf ihrem Haus. Setzt die Schnecken nebeneinander auf eine Glasplatte oder ein Holzbrett. Ans Ende der Platte legt ihr etwas Löwenzahn. Auf die Plätze, fertig, los!

▲ Klein, aber oho! Der Waldmeister duftet süß und intensiv.

▲ Jetzt geht`s los! Startbereit zum Schneckenrennen!

◄ Hummeln trinken Blütennektar mit ihrem eingebautem Strohhalm.

Verstecke entdecken!

Im Wasser wimmelt es von Leben! Doch wenn ihr euren Kescher einfach durchs freie Wasser zieht, werdet ihr enttäuscht sein: Ihr habt wahrscheinlich nicht ein einziges Tier darin gefangen! Denn Wassertiere sind Spezialisten im Verstecken. Wir verraten euch die verborgensten Schlupfwinkel.

Keschern im Pflanzengewirr

In sonnigen Teichen wächst am flachen Ufer ein dichtes Pflanzengewirr. Darin halten sich viele räuberische Wasserkäfer und Libellenlarven verborgen. Zieht eure Kescher sehr langsam hindurch, damit ihr die Pflanzen nicht abreißt.

Schnecken dürft ihr ▶ ruhig auf die Hand nehmen. Fühlt mal, wie das kitzelt!

Im Uferbereich keschert ihr die meisten Tiere.

▲ Solche Becherlupen sind zum genaueren Betrachten praktisch.

Immer in Fließrichtung!

Hebt im Bach liegende Steine, Laub oder Äste an und haltet dabei die Kescher in Strömungsrichtung davor. Ihr könnt auch etwas Bodengrund anheben. So werden die Tierchen von selbst in eure Kescher gespült.

TIPP

Helle, flache Plastikschalen (z. B. leere Eispackungen) sind am besten geeignet, um den Kescherfang auszuleeren. Vor dem hellen Hintergrund sind die Tierchen gut zu entdecken!

▲ Molche findet ihr im Frühling sogar in flachen Pfützen.

So baut ihr einen Kescher

Profis keschern mit festen Drahtkeschern. Denn sie verheddern sich nicht im Pflanzengewirr wie Netzkescher und sind zudem viel stabiler. So einen Kescher könnt ihr leicht nachbauen: aus einem einfachen Küchensieb und einem Stock.

IHR BRAUCHT

- 1 großes Küchensieb
- 1 Stock
- 2 Schraubenzieher
- 2 Schlauchschellen
- etwas Isolierband

Stiel unter den Schellen

Dreht die beiden Schlauchschellen ganz weit auf und schiebt sie über den Stock. Steckt den Stiel des Siebs unter die beiden Schlauchschellen.

▲ Ein einfaches Küchensieb wird zum Profi-Kescher.

... und fest zudrehen

Zieht die Schraube an den Schlauchschellen mit dem Schraubenzieher ganz fest zu.

▲ Mit einem Helfer zum Festhalten gelingt es einfacher!

◀ Damit die Schrauben nirgendwo hängen bleiben, könnt ihr sie zum Schluss noch mit Isolierband umwickeln.

TIPP

Wassertiere flüchten schon bei geringsten Erschütterungen. Verhaltet euch beim Keschern möglichst ruhig!

▲ Lange Kescherstöcke ermöglichen ein Keschern vom Ufer aus. Diese Kescher sind aber auch deutlich schwerer!

Was habt ihr gekeschert?

Zählt mal, wie viele Beine eure Tierchen haben: Sind es sechs Beine, so habt ihr ein Insekt oder seine Larve gekeschert. „Larven" heißen die Kinder der Insekten. Sie sehen meist ganz anders aus als ihre Eltern und leben auch anders. So haben die Larven der Libellen keine Flügel und leben unter Wasser!

Viel mehr Beine

Hat euer Tierchen mehr als sechs Beine, so kann es ein Krebs oder eine Wasserassel sein.

TIPP

DIE KÖNNEN STECHEN!
Aufgepasst: Manche Wassertierchen können zwicken oder sogar stechen. Fasst sie deshalb nicht mit der Hand an.

▲ Lasst immer erst einen Erwachsenen schauen, bevor ihr ein Tier anfasst!

▲ Wasserläufer laufen wirklich auf der Wasseroberfläche!

▲ Bachflohkrebse liegen immer auf der Seite.

▲ Gelbrandkäfer: Räuber im Pflanzengewirr.

▲ So sieht der Gelbrandkäfer als Larve aus!

WISSEN

IST DAS WASSER SAUBER?
Habt ihr viele verschiedene Insektenlarven gekeschert? Dies ist ein Zeichen für gute Wasserqualität! Findet ihr hauptsächlich Würmer und Wasserasseln, so ist das Wasser eher verschmutzt.

Keine Beine
Überhaupt keine Beine haben Wasserschnecken, Muscheln, Egel und Würmer.

◄ Aus dieser Larve wird einmal eine schöne Libelle!

◄ Libellen wirken gefährlich – können aber nicht stechen!

Eure eigene Zucht

Mit eurer eigenen Schmetterlingszucht könnt ihr eines der unglaublichsten Wunder des Lebens beobachten: wie sich eine Raupe in einen wunderschönen Schmetterling verwandelt! Wir verraten euch die besten Tipps und Tricks, damit eure Raupenzucht auch gut gelingt.

IHR BRAUCHT

- 1 Plastikterrarium mit durchlöchertem Deckel (Zoogeschäft)
- 1 Stück Mückennetz oder alte Gardine
- Glas und Wattebausch
- frische Brennnesseln mit 4–5 Raupen

Stellt euer Gefäß immer mit der Öffnung nach vorn: An der Decke hängen später gern die Schmetterlingspuppen!

▲ Schmetterlinge legen ihre winzigen Eier an Blättern ab.

▲ Jeder Schmetterling war einmal eine Raupe.

Die richtigen Raupen finden

Ab Juni findet ihr die kleinen, schwarzen Schmetterlingsraupen an Brennnesseln. Schaut gut hin, denn sie sind jetzt noch fast so klein und dünn wie eine Stecknadel! Oft verraten sie sich durch abgeknabberte Blätter.

WISSEN

DAS WUNDER DER VERWANDLUNG

Jeder Schmetterling schlüpft als Raupe aus dem Ei. Die Raupe muss sehr viele Blätter futtern, bis sie groß genug ist, um sich in eine Puppe zu verwandeln. Die Puppe hängt reglos da, als wäre kein Leben in ihr. Doch eines Tages schlüpft daraus der fertige Schmetterling!

TIPP

Sammelt nur Raupen von Brennnesseln. Diese Raupen sind unempfindlich und schlüpfen schon in wenigen Wochen. Sie sind leicht zu füttern, denn sie mögen nur Brennnesseln.

▲ Kaum zu glauben: In wenigen Wochen wird daraus ein bunter Schmetterling!

Das Terrarium einrichten

Gebt frische Brennnesseln in ein Glas. Stopft die Öffnung oben mit Watte zu, damit keine Raupen ertrinken, und stellt die Vase ins aufrechte Terrarium. Setzt nun eure Raupen vorsichtig auf die Brennnesseln.

WISSEN

Raupen sind richtige kleine Fressmaschinen. Alle zwei bis drei Tage brauchen sie reichlich frisches Futter!

▲ So fühlen sich Schmetterlingsraupen wohl.

▲ Legt ein Mückennetz über die Öffnung und schließt den Deckel.

Die Raupen pflegen

Damit die winzigen Raupen nicht entfliehen können, verschließt den Deckel zusätzlich mit einem Mückennetz. Zum Füttern stellt ihr einfach einen zweiten Brennnesselstrauß neben den alten. Die Raupen wechseln von allein zum frischen Futter. Nehmt den alten Strauß bei der nächsten Fütterung heraus.

Raupe – Puppe – Schmetterling

Nach drei bis vier Wochen verspinnen sich die kräftig gewachsenen Raupen zu reglosen Puppen. Sie sind sehr empfindlich. Bitte nicht berühren! Zwei Wochen später schlüpfen daraus nach und nach Schmetterlinge. Schaut auf der nächsten Seite, wie sie heißen!

TIPP

Legt den Boden des Terrariums mit Küchenpapier aus und wechselt es regelmäßig. So entfernt ihr die Kotkrümel der Raupen.

◄ Aus der Puppe schlüpft der Falter.

◄ Lasst den Schmetterling behutsam auf einer Blume frei!

Schmetterlinge anlocken

Wollt ihr Schmetterlinge anlocken, so braucht ihr ein Beet mit vielen duftenden Blumen und Kräutern. Wir haben unser Schmetterlingsbeet in Form eines Schmetterlings angelegt und mit Feldsteinen umrandet. Sieht das nicht toll aus?

TIPP

Geeignete Schmetterlings-blumen sind Dost, Salbei, Phlox und der Schmetter-lingsflieder. Es gibt auch spezielle Saatmischungen für Schmetterlingsbeete!

Die „wilde" Ecke im Garten

Nicht vergessen: Raupen brauchen keine Blumen, sondern viele Brennnesseln! Die könnt ihr ruhig in einer „wilden Ecke" im Garten wachsen lassen. Diese Ecke bitte einfach in Ruhe lassen und auch nicht mähen!

◄ Ohne Raupen gibt es auch keine Schmetterlinge!

◀ Unser Schmetterlingsbeet
im Schulgarten.

Die häufigsten Schmetterlinge

Unsere auffälligsten Schmetterlinge sind das Tagpfauen-
auge, der Admiral und der
Kleine Fuchs. Sie alle futtern
als Raupen übrigens nichts
anderes als Brennnesseln.
Deshalb legen die Falter ihre
Eier auch an die Unterseite
von Brennnesselblättern.

◀ Das Tagpfauen-
auge hat große
Augenflecken auf
den Flügeln.

◀ Der Kleine
Fuchs heißt so,
weil er über-
wiegend fuchs-
rot ist.

▲ Der Admiral ist schwarz, weiß und
orange.

Abenteuer Nachtexpedition

Warme Sommernächte sind bestens geeignet, um Wildtiere zu entdecken. Denn wenn abends die Sonne untergeht, werden viele Tiere erst richtig munter. Ihr braucht nur eine Taschenlampe, und schon kann es losgehen!

Wer schnauft und schmatzt denn da im Garten?

Das ist ein Igel auf der Suche nach Würmern und Schnecken. Bitte stört ihn nicht. Er muss schnell zu seinen Igelkindern im Versteck zurückkehren!

Fangt den Lichtstrahl

Auf der Wiese vor dem Wald blinken lauter kleine Lichter. Das sind Glühwürmchen auf der Suche nach einem Partner. Versucht, eines der Blinklichter mit der Hand zu fangen. Das ist schwierig, denn kaum nähert ihr euch, erlischt das Blinken!

Was blinkt da in der Dunkelheit? ▶

Hier haben wir einen Igel entdeckt.

WERDET ZU NACHTTIEREN!
Tiere der Nacht sehen wenig –
hören dafür aber umso mehr!
Sperrt auch ihr eure Lauscher
weit auf und bewegt euch auf
leisen Sohlen – denn jedes kleine
Geräusch könnte euch verraten!

Zu Gast beim Nachtkonzert

In der Nacht sind alle Geräusche
viel deutlicher! Die Gesänge von
Nachtigallen und Eulen sind viele
hundert Meter weit zu hören. Hört
ihr die Frösche am Teich? Und die
Heuschrecken in der Wiese?

▲ Die Nachtigall singt die
ganze Nacht hindurch!

▲ Hört mal! Der Wald-
kauz ruft schön-schaurig
„Uhhhuhhhuhhuuuuu"!

Auf Fledermaus-Lausch

Fledermäuse flattern lautlos wie Gespenster durch die Abenddämmerung. Die kleinen Nachtgeister bei der Jagd zu beobachten, ist ein ganz besonderes Erlebnis! Am besten gelingt es an warmen Sommertagen, wenn es langsam dunkel wird.

IHR BRAUCHT

- Fledermaus-Detektor (Spielwarenhandel)
- Taschenlampe

▲ Fledermäuse fangen Insekten im Flug.

Hier müsst ihr suchen!

Die besten Plätze, um Fledermäuse zu entdecken, sind Waldränder und Gewässer. Leuchtet mit der Taschenlampe Bäume, Büsche und Wasseroberflächen ab. Aber auch mitten in der Stadt findet ihr Fledermäuse: An Straßenlaternen fangen sie gern Mücken und Falter!

WISSEN

Fledermäuse jagen in der Dunkelheit Mücken und kleine Falter. Dazu stoßen sie hohe, leise Rufe aus. Trifft ein Ruf auf ein Insekt, so hören Fledermäuse das mit ihren Riesenohren. Schnapp, gefangen!

Ein Haus für die Fledermaus

Fledermäuse brauchen geschützte Höhlen, in denen sie den Tag verschlafen können. Mit speziellen, flachen Fledermauskästen am Haus oder an Bäumen könnt ihr den Tieren helfen!

◀ Sind da schon Fledermäuse eingezogen?

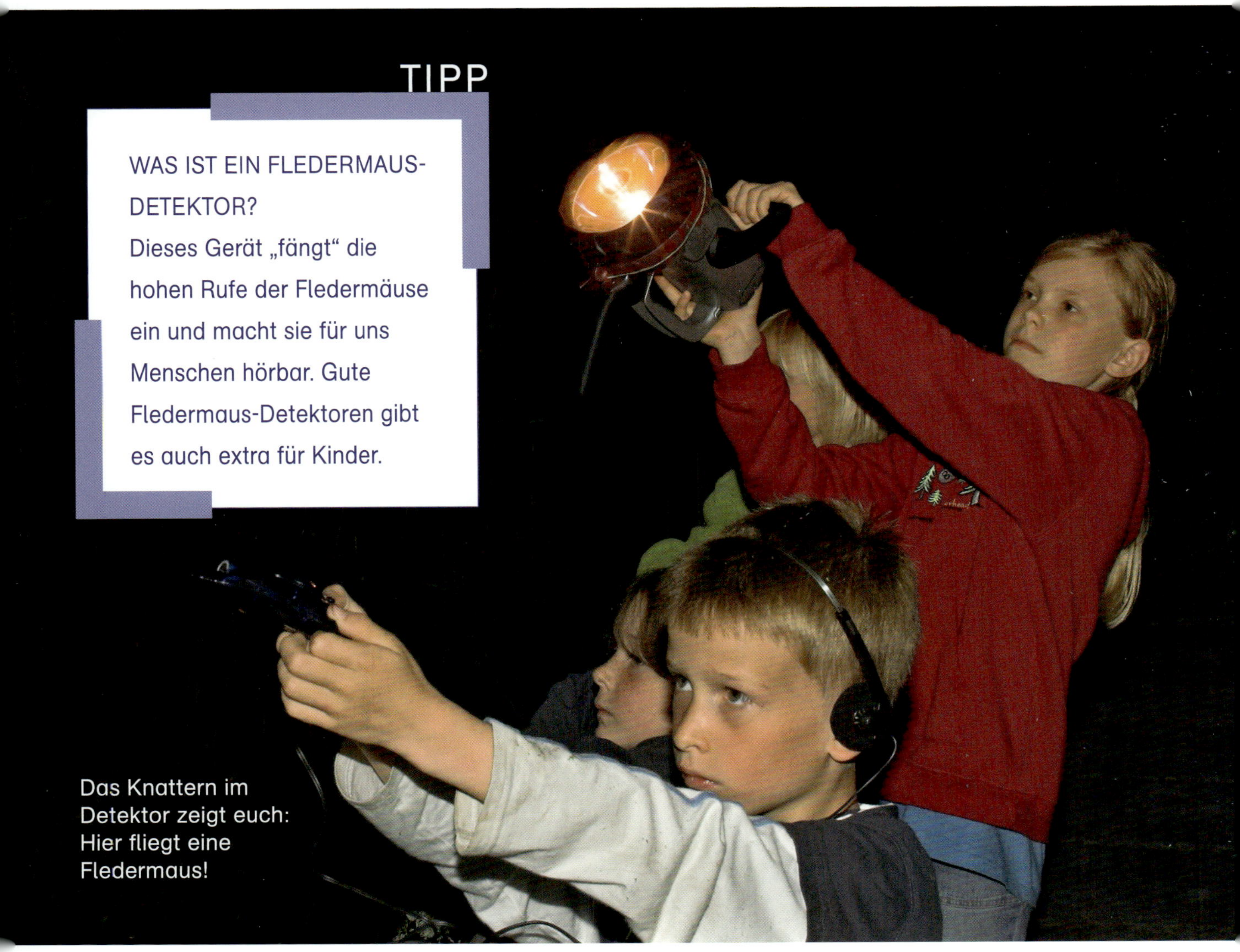

TIPP

WAS IST EIN FLEDERMAUS-DETEKTOR?
Dieses Gerät „fängt" die hohen Rufe der Fledermäuse ein und macht sie für uns Menschen hörbar. Gute Fledermaus-Detektoren gibt es auch extra für Kinder.

Das Knattern im Detektor zeigt euch: Hier fliegt eine Fledermaus!

▲ Fleder-
maus-Fans
aufgepasst!

Fledermaus fängt Nachtfalter

Bildet einen Kreis. Ein Kind ist
die Fledermaus. Es steht in der
Mitte und bekommt Augenbinde
und Umhang. Zwei weitere Kinder
gehen in den Kreis. Das sind die
Nachtfalter. Die Fledermaus ruft
nun „Fledermaus, Fledermaus!"
und die Nachtfalter antworten
leise „Nachtfalter, Nachtfalter!".
Die Fledermaus muss nur anhand
der Rufe versuchen, die Nachtfalter einzufangen. Diese dürfen
natürlich nicht aus dem Kreis laufen!

IHR BRAUCHT

- 1 Augenbinde für die
  „Fledermaus"
- 1 schwarzen Umhang
- mindestens 6 Kinder

▲ Die „Fledermaus" muss den „Nachtfalter" nur anhand der Geräusche orten!

Essen wie die Fleder-
mäuse: Könnt ihr
auch ohne Hände
Beute machen?

Mit dem Mund geschnappt!

Fledermäuse müssen ihre Beute
mit dem Mund greifen. Probiert
einmal selbst, wie schwierig
das ist: Mit dem Löffel im Mund
müsst ihr die „Beute" (Nüsse
o. Ä.) aus der wassergefüllten
Schale greifen – natürlich ohne
dabei eure Hände zu benutzen.
Ganz schön schwierig, oder?

IHR BRAUCHT

- 1 Schale mit Wasser
- Löffel mit langem Stiel
- Nüsse, Gummibärchen o. Ä.

Füttert die Fledermaus!

Bei diesem Wurfspiel sind
Geschicklichkeit und Treff-
genauigkeit gefragt! Die Nachtfalter bastelt ihr aus buntem
Krepppapier, Tesafilm und
weichen Gummibällen.

IHR BRAUCHT

- 1 leeren Karton
- schwarze Pappe, Kleber
  und Watte
- weiche Bälle, Krepppapier
  und Tesafilm

◀ Füttert die hungrige
Fledermaus mit möglichst
vielen Nachtfaltern!

Schippe, Lupe, fertig, los!

Kleine Misthaufen locken viele Tierchen an!

◄ Schaut mal, was unter der Rinde los ist!

Wollt ihr spannende Tiere entdecken? Dazu müsst ihr nicht weit reisen und nicht einmal weit laufen! Denn unter jedem eurer Fußstapfen im Wald sind Millionen von Tieren zu Hause – viel mehr als in der afrikanischen Savanne! Ihr braucht nur eine Schippe und eine Lupe und los geht's.

Werdet zu Tier-Findern!

Viele Erdbewohner sind so winzig, dass ihr sie mit bloßem Auge gar nicht sehen könnt. Und die Größeren kennen gute Verstecke. Die meisten kommen erst nachts hervor, um nicht gefunden zu werden!

Die besten Geheimverstecke

Schaut überall da, wo es dunkel und feucht ist: Unter Steinen, herumliegenden Ästen, dicken Laubschichten und loser Rinde verbergen sich viele Tierchen!

Waldboden ist ein Paradies für Tiere im Miniformat!

Springschwänze nagen Blattreste noch kleiner. ▼

WISSEN

Wusstet ihr, dass in einer Handvoll Erde mehr tierische Waldarbeiter leben als Menschen auf der Erde? Ohne diese Bodenlebewesen würde die Natur in ihrem Müll ersticken!

▲ Schnurfüßer zerhäckseln das Laub am Waldboden.

▼Achtung: Der Steinläufer beißt!

Experiment:
So wird Erde gemacht

Wollt ihr sehen, wie aus Pflanzen-
abfällen bester Boden wird?
Dann schichtet abwechselnd
Sand und feuchte Erde in ein
leeres Glas. Setzt zwei bis drei
Regenwürmer hinein und füttert
sie mit Gras, Blättern und
geriebenem Apfel. Schaut, wie
die Tiere den Boden vermischen
und was mit der Erde geschieht!

WISSEN

Regenwürmer leben tief in
der Erde. Nachts holen sie
sich Blattreste und ziehen
sie tief in ihre unterirdischen
Gänge. So durchmischen
sie den Boden und machen
beste Erde daraus!

▲ Der Regenwurm kommt nur bei Regen
ans Tageslicht.

Im Regenwurmglas könnt ihr
beobachten, wie Regenwürmer
aus Bio-Abfällen Erde machen!

◀ Aus einer einfachen Küchenrolle wird im Nu ein Forscher-guckrohr.

Guckrohr für Bodenforscher

Kennt ihr den Spruch: „Man sieht den Wald vor lauter Bäumen nicht?" So ist es auch oft, wenn man kleine Tierchen sucht. Leichter geht es mit einem einfachen Guckrohr: Es hilft dabei, sich nur auf einen kleinen Bildausschnitt zu konzentrieren!

TIPP

Deckt unbedingt ein Tuch über euer Forscherglas, sonst ist es den Tieren zu hell! Und immer schön feucht halten.

◀ Erdläufer erbeuten Regenwürmer.

▲ Laufkäfer jagen nur nachts.

▲ Marienkäfer können gut fliegen!

Folgt dem Geheimpfad!

Der Wald ist kreuz und quer von schmalen Pfaden durchzogen. Das sind die „Straßen" der Tiere! Folgt so einem Tierpfad und entdeckt ihre geheimen Verstecke, Höhlen und viele weitere spannende Spuren, die diese Tiere hinterlassen!

Unterirdische Höhlen

Unser Pfad führt uns zu einem Bau. Eine Rutsche führt zum Eingang. Hier wohnt Familie Dachs! Tagsüber schlafen Dachse eingekuschelt in ihrer Höhle. Erst am Abend streifen sie durch den Wald.

TIPP

SCHLEICHEN IM FUCHSGANG

Tiere schleichen auf samtenen Pfoten durch den Wald, damit niemand sie bemerkt. Macht es den Tieren nach: Schleicht leise und aufmerksam wie der Fuchs. Vielleicht bekommt ihr so ja eines der Tiere zu sehen?

Dachse haben ein schwarz-weiß gestreiftes Gesicht.

Schnuppert mal: Dieser Baum stinkt nach Wildschwein!

◀ Wildschweine lieben „Schubberbäume".

Verdächtige Spuren

Wo Bäumen die Rinde fehlt, kommen regelmäßig Wildschweine vorbei. Sie schubbern sich ihr juckendes Fell an der Rinde. Schaut mit Adleraugen auf den Waldboden: Hier findet ihr die Futterplätze der Tiere und mit etwas Glück entdeckt ihr sogar ein Geweih!

Jedes Jahr wächst dem Damhirsch ein neues, größeres Geweih. ▼

Im Frühling wirft der Damhirsch sein Geweih ab. ▶

Hier ist der Eingang zum Dachsbau.

▲ Eichhörnchen zerrupfen Zapfen, um an die Samen im Inneren zu gelangen.

▲ Baumstümpfe sind beliebte Eichhörnchen-Tische!

Schaut mit Vogelaugen

Wo im Wald würdet ihr euer Nest
verstecken, wenn ihr Vögel wärt?
Schaut mit wachen Vogelaugen
in Sträucher und Bäume.
Bestimmt findet ihr so ein gut ver-
stecktes Nest in einer Astgabel!

Die meisten Vögel flechten jedes Jahr
ein neues Nest aus Zweigen. ▼

TIPP

Bitte sucht nur im Herbst
und Winter nach Vogel-
nestern. Im Frühling und
Sommer müssen die
Vögel unbedingt unge-
stört bleiben, damit sie in
Ruhe brüten können!

▲ Ohne Blätter am Baum sind Vogelnester leichter zu entdecken.

◀ Der Buntspecht baut kein Nest
wie andere Vögel!

Vorsicht Räuber

Vögel müssen ständig auf der Hut
sein, damit kein Räuber sie erwischt.
Katzen, Füchse und Greifvögel sind
die größte Gefahr für Vögel und
ihre Eier. Schaut am Waldboden
nach Federansammlungen: Hier
werden regelmäßig Vögel gerupft.

▲ In dieser Höhle hat der Specht
gebrütet.

▲ Dieser Specht wurde von einem
Räuber erwischt.

WISSEN

Findet den Spechtbaum

Morsche Bäume sind tolle
Spechtbäume! Denn hier hinein
kann der Specht mit seinem
kräftigen Schnabel eine Höhle
zimmern. In verlassene Specht-
höhlen ziehen gern Meisen und
andere Kleinvögel ein.

FUCHS ODER HABICHT?

Sind die Federn unten am Ende noch heil? Dann
wurde der Specht von einem Habicht oder Sperber
verspeist: Er rupft die Federn mit seinem Haken-
schnabel im Ganzen heraus. Sind die Federn unten
abgebissen, war es der Fuchs oder eine Katze.

Geheime Buchten

An Bächen und Teichen sind immer tolle Spuren zu entdecken! Denn viele Tiere kommen hierher, um zu trinken oder um Wassertiere zu erbeuten. Im schlammigen Boden hinterlassen diese Tiere ihre Fußabdrücke.

▲ Fischotter sind flinke Fischjäger. Jedes Paar hat sein eigenes Revier.

▲ So markiert der Fischotter sein Revier.

Verräterische Markierungen

Der Fischotter platziert seinen Kot gern auf erhöhten Steinen. Damit zeigt er anderen Ottern: „Dieser Bachabschnitt ist schon besetzt!"

▲ Der Graureiher ist ungefähr so groß wie ein Storch.

▲ Hier hat der Graureiher Fische gefangen.

◄ Solche Spuren hinterlässt nur der Biber.

Folgt dem Biberpfad!

Schmale Pfade am Gewässerufer werden von vielen Tieren genutzt. Schaut, ob ihr am Rand der Pfade abgenagte Baumstämme findet. Sie sind Zeichen dafür, dass hier in der Nähe ein Biber zu Hause ist! Findet ihr auch den Biberdamm? Entdeckt ihr seine Burg?

WISSEN

WARUM BAUT DER BIBER STAUDÄMME?
Damit aus dem Fluss ein See wird. So kann er seine Burg geschützt vor Feinden mitten im Wasser bauen. In der Burg zieht das Biberpaar seine Jungen groß.

▲ Der Biber verändert ganze Landschaften.

In der Mitte des Sees liegt die Biberburg. ▼

▲ Der Biber hat den Bach zum See gestaut.

Ein Heim für Tiere

Im Herbst sind viele Tiere auf der Suche nach Verstecken, in denen sie den Winter verschlafen können. Deshalb findet ihr jetzt viele Marienkäfer und zarte Florfliegen in den Fensterritzen. Heimischen Wildtieren Winterverstecke zu bauen, ist ein tolles Projekt für euren Kindergarten und auch für den Schulgarten!

Ein Winterquartier für Marienkäfer ist schnell gebaut.

Winterquartier für Insekten

Marienkäfer brauchen frostfreie Verstecke.

▲ Florfliegen: Nützlinge, denen ihr helfen könnt.

Stopft Holzwolle in eine leere Holzkiste und hängt die Kiste geschützt vor Regen an eine sonnige Hauswand. Setzt gefundene Marienkäfer und Florfliegen hier hinein. Wichtig: ein großer Ausgang, damit die Tiere im Frühling wieder hinauskommen!

IHR BRAUCHT

- Reisig
- Schnur
- 1 Helfer
  zum Festhalten

Reisignester für Vögel

In kalten Winternächten suchen
Vögel gern solche Reisignester
auf: Bindet einfach mehrere
Zweige zu einem Büschel und
befestigt jedes Büschel einzeln
so lange am Stamm, bis ein
dickes Reisignest entsteht.

▲ Je mehr
Reisigbündel
ihr zusammen-
bindet, desto
kuscheliger
wird das Nest.

◀ Der kleine
Zaunkönig
liebt solche
Reisignester.

Spätgeborene Igel
sind oft zu klein und
zu schwach, um den
Winter überstehen
zu können.

Wichtig: Wie viel wiegt euer Igel? ▶

Hilfe für den Igel

Der Igel muss sich im Herbst eine dicke Speckschicht an- futtern, um über den Winter zu kommen. Denn er wird jetzt fünf bis sechs Monate lang nichts fressen, sondern nur schlafen! Für seinen Winterschlaf braucht der Igel ein frostfreies Versteck.

Eingerollt verschlafen Igel den Winter. ▶

So könnt ihr dem Igel helfen

Schichtet Zweige und Äste abwechselnd mit Laub zu einer kuscheligen Burg. Darin kann der Igel geschützt den Winter überstehen. Und auch Frösche, Kröten und Vögel finden hier einen guten Unterschlupf!

Laub und Reisig sorgen dafür, dass der Igel im Winter nicht erfriert. ▶

▲ Igel dürfen nur Wasser trinken – niemals Milch.

TIPP

IGEL GEFUNDEN – WAS TUN?
Zuerst müsst ihr den Igel wiegen. Um den Winter überleben zu können, muss er im Oktober mindestens 700 g schwer sein! Wiegt er weniger, so findet ihr Hilfe beim Tierarzt oder unter www.igelhilfe.de.

Wasservogel-Forscher unterwegs

Im Winter ist nichts los draußen? Dann schnappt euch fix ein Fernglas und ab geht's an den nächsten See oder einfach an den Stadtparkteich: Hier ist jetzt im Winter sogar mehr los als im Sommer. Schaut mal, wie viele verschiedene Arten ihr entdecken könnt!

▲ Eisfreie Stellen – ein Paradies für Vogelforscher!

▲ So ein Spektiv ist gut geeignet, um Wasservögel an großen Seen zu beobachten. Für kleinere Teiche genügt auch ein Fernglas.

TIPP

Aus nächster Nähe könnt ihr wilde Wasservögel im Winter auf jedem Stadtparkteich beobachten!

◀ Hier drängen sich Wasservögel dicht an dicht. Oft verlieren sie dabei sogar ihre Scheu vor Menschen.

WISSEN

Im Winter frieren die meisten Seen zu. Dann können die Wasservögel nicht mehr nach Nahrung tauchen. Deshalb versammeln sie sich jetzt an den letzten eisfreien Gewässern.

◀ Schwarzes Huhn mit weißer Blässe: Das ist ein Blässhuhn.

▲ Das Männchen der Stockente hat einen flaschengrünen Kopf. Das Weibchen ist schlicht braun.

▲ Reiherenten tauchen am Gewässergrund nach Muscheln. Das Männchen hat auf dem Kopf eine Federtolle.

▲ Die Kanadagans ist heute überall in Europa zu Hause. Ihr erkennt sie am schwarzen Kopf mit weißen Wangen.

▲ Gänsesäger-Männchen haben dicke, weiße Körper. Ihre Schnäbel sind fein und dünn.